A.-AUG. CHAUVIGNÉ
MEMBRE ET LAURÉAT DE PLUSIEURS ACADÉMIES

ÉTUDE
HISTORIQUE ET LITTÉRAIRE
SUR
LA VIE ET LES ŒUVRES
DE
ROLAND BRISSET
SIEUR DU SAUVAGE
GENTILHOMME TOURANGEAU
1560-1643

Cette étude a été lue au Congrès des Sociétés savantes à la Sorbonne, en 1883

TOURS
IMPRIMERIE ROUILLE-LADEVÈZE
1883

A la Bibliothèque Nationale offert par l'auteur.

A. C.

A.-AUG. CHAUVIGNÉ

MEMBRE ET LAURÉAT DE PLUSIEURS ACADÉMIES

ÉTUDE

HISTORIQUE ET LITTÉRAIRE

SUR

LA VIE ET LES ŒUVRES

DE

ROLAND BRISSET

SIEUR DU SAUVAGE

GENTILHOMME TOURANGEAU

1560-1643

Cette étude a été lue au Congrès des Sociétés savantes à la Sorbonne, en 1883

TOURS

IMPRIMERIE ROUILLÉ-LADEVÈZE

1883

ÉTUDE

HISTORIQUE ET LITTÉRAIRE

SUR

LA VIE ET LES ŒUVRES

DE

ROLAND BRISSET

SIEUR DU SAUVAGE

Gentilhomme tourangeau

1560-1643

—

Cette étude a été lue au Congrès des Sociétés savantes à la Sorbonne, en 1883.

—

En parcourant les œuvres du personnage qui fait l'objet de cette étude, et en le suivant dans les diverses phases de son existence, nous avons été frappé des erreurs et des lacunes qui existent dans l'exposé de son histoire et dans l'appréciation de ses œuvres.

Nous avons été heureux de poursuivre nos recherches, car elles nous ont amené à la connaissance précise d'un autre personnage dont l'un des manuscrits a été l'objet d'une confusion avec ceux de Brisset, dont il était contemporain.

Nous avons donc été conduit à faire de nouvelles investigations sur la vie de Roland Brisset et sur sa valeur comme poète et traducteur; le résultat de ces études nous a prouvé que la lumière n'a pas été faite tout entière et que notre auteur n'a pas été apprécié comme il méritait de l'être.

C'est d'après ces considérations que nous présentons cette étude, dont la première partie contient l'histoire biographique de Roland Brisset, réservant la deuxième pour l'appréciation de ses œuvres et l'étude du manuscrit dont nous venons de parler.

I

Brisset, Roland, sieur du Sauvage, et gentilhomme tourangeau, naquit à Tours, en 1560, date qu'il est difficile de préciser quant au mois et au quantième, attendu que les registres de diverses paroisses de Tours ne remontent guère au delà de 1580.

Plusieurs auteurs ont contesté les titres de noblesse de Brisset et de sa famille, en affectant de dire qu'il prenait dans ses œuvres, le titre de gentilhomme tourangeau. Sur ce point qui nous a semble obscur, nous pouvons donner une certitude appuyée sur nos recherches dans l'*Armorial général de Touraine*, où les Brisset sont désignés sous le titre de « Seigneurs du Sauvage en Touraine » et ayant leur blason ainsi composé : *d'argent à trois trèfles de sinople 2 et 1*.

La famille de Roland Brisset était donc dans une situation qui lui permettait de l'élever selon son rang et de lui faire donner de l'instruction. Les désirs de la famille furent heureusement secondés par les dispositions naturelles du fils qui montra de bonne heure de sérieuses aptitudes. Il commença ses études à Tours, puis il partit pour Paris, où il les termina, et où, par la suite, s'adonnant tout entier à l'étude des lois et de la jurisprudence, il se fit recevoir avocat au Parlement de Paris.

Il remplit cette charge pendant quelques années, mais les véritables penchants de son caractère ne tardèrent pas à l'éloigner d'une occupation qui n'était point en rapport avec ses goûts, et qu'il vint, avant peu, à considérer « comme une chaîne servile qui arrêtait sa liberté », comme dit un auteur du temps.

C'est alors qu'il chercha une nouvelle occupation, il la rencontra presque aussitôt et acheta une charge de conseiller du roi et de trésorier de la gendarmerie en la province de Touraine; charge qui lui laissait beaucoup de temps libre, pour « vaquer au doux exercice de la poesie, qu'il aimait et dont la nature avait répandu les semences secrètes dans son esprit dès sa plus tendre enfance. » Ces paroles qui sont celles de Colletet, historiographe des poètes tourangeaux prouvent la vocation précoce que Brisset avait pour les vers.

Sa nouvelle situation qui est du reste prouvée par un quatrain que nous trouvons en tête de son volume de théâtre, où l'auteur lui donne le titre de *Quæstor militum turonicæ provinciæ* », allait le rendre à ses aspirations intimes, c'est donc maintenant qu'il va nous apparaître sous son vrai jour et que nous pourrons apprécier les divers côtés de son caractère.

Pour porter un jugement équitable en pareille matière, il

n'est pas inutile d'examiner les circonstances et les événements qui entourèrent notre personnage.

Or quelle était la situation de la France à cette époque?

Après un calme apparent, la guerre civile dite des Trois Henri venait d'éclater; les partis, après quelque temps de préparatifs, s'étaient rencontrés à Coutras, en Périgord, où Joyeuse, l'un des mignons du roi, s'était fait battre par le Béarnais.

D'un autre côté, des barricades s'élevaient dans Paris, et Henri III ne sachant quel parti prendre, avait recours au meurtre et méditait l'assassinat des Guises.

Le pays tout entier, désolé, ruiné par les exactions des partis, voyait la misère avec les passions qu'elle entraine avec elle, ravager toutes les classes de la population. En haut comme en bas, tout n'obéissait qu'au maître du jour; le pouvoir contesté et chancelant, ne faisait plus sentir son autorité; tout était corrompu.

Les sciences, les lettres, les arts, étaient profondément délaissés, on soupçonnait à peine dans les masses ces sentiments élevés, l'intrigue basse et haineuse seule occupait tous les esprits.

Au point de vue moral c'était encore plus effrayant; la dépravation la plus licencieuse s'étalait impunément au grand jour, et nous pourrions citer plus d'un personnage illustre qui n'a pas craint de souiller son nom et de ternir sa célébrité.

C'est au milieu de ce chaos que vivait Roland Brisset. Mais quelle était sa conduite?

Il vivait dans l'austérité, au sein de sa famille, isolé de l'agitation générale; les rumeurs populaires, le récit des crimes et des luttes sanglantes arrivaient jusqu'à lui, imprimaient de rudes empreintes sur son esprit, et, en patriote sincère, il souffrait pour son pays.

Il est, du reste, facile de s'en convaincre en écoutant ses propres paroles.

« Je ne say, dit-il dans la préface de son Théâtre, si c'est mon inclination naturelle ou l'habitude que je puis avoir prise d'estre né avec nos guerres civiles, où nous avons vu représenter à nos yeux, tout ce qu'on saurait excogiter de déplorable, qui m'a fait passer maintes heures de mon loisir sur la contemplation des désastres des grands, altérations de leurs estats et deplorations de leurs pertes, etc. »

C'est donc bien certainement l'influence des événements extérieurs qui amena Brisset, dont le caractère était naturellement sérieux et réfléchi, à l'étude des auteurs anciens. Il avait depuis longtemps traduit et étudié les langues grecque et latine, et avait été frappé de la ressemblance des événements de ces temps reculés avec ceux dont il était le témoin; le penchant qu'il eut à se livrer à ce genre d'études, est donc facile à comprendre, et il dit lui-même qu'il n'y avait point d'auteurs qui lui plussent davantage que ceux qui « d'un vers tragique nous représentaient au vif tous ces funestes événements. »

Si Brisset garda le silence et ne prit point une part active dans les guerres de son temps, il ne faut point l'accuser de n'avoir rien fait pour en arrêter le cours.

Il n'allait point sur les champs de batailles, payer de sa personne; son rôle était tout autre : il voulait améliorer la condition de ses concitoyens et publiait la traduction « de ces tragiques écrits qui étaient, comme il disait, une fontaine féconde où se pouvait puiser une abondance de bons enseignements et de préceptes pour la conduite de la vie humaine et pour la conversation civile ».

Mais sa voix isolée au milieu du tumulte des camps ne pouvait produire qu'une faible influence; des temps prochains lui étaient réservés pour exercer son salutaire effet.

Il avait de plus puisé dans les poètes tragiques anciens, une idée qui était devenue sienne, à savoir « que la poésie tendait au règlement des mœurs et à l'institution de la vie civile, et que les ouvrages poétiques ont toujours été jugés très utiles et très salutaires dans les Etats, tant pour la gravité des sujets qu'ils traitent que pour la bonne doctrine qui s'en peut recueillir ».

Il est certain que Brisset, en quittant le Parlement de Paris, vint s'établir à Tours, où son emploi l'appelait. Très vraisemblablement il s'y maria, peu âgé, avec Anne d'Argouge, nièce de Nicolas d'Argouge, qui fut dans la suite le cinquante-huitième maire de Tours.

De cette union naquirent trois enfants dont l'aîné mourut en bas âge, et le second Pierre Brisset, fut gentilhomme ordinaire du duc d'Orléans. Quant au troisième nous ne retrouvons aucun texte pour nous indiquer ce qu'il est devenu.

C'est donc dans cet état de choses que Roland Brisset passa dix années de son existence à écrire les traductions des pièces qui composent son premier volume de théâtre tragique et qu'il arriva jusqu'en 1589 sans avoir encore rien publié. Il en était là, sollicité par tous ses amis pour imprimer ses œuvres quand une circonstance fortuite vint l'y engager.

Henri III qui voyait la fureur du peuple augmenter de jour en jour, ne se trouva plus en sûreté dans sa capitale, et résolut de venir s'établir à Tours avec la plus grande partie du Parlement de Paris et la Chambre des comptes.

Pendant ce séjour en Touraine, Brisset eut maintes occasions d'approcher le roi, et enhardi par les exhortations de ses amis, il se décida à lui demander son privilège pour imprimer ses travaux qui étaient les premiers de ses labeurs, « réservant, dit-il, pour un autre temps, ce qui était né avec un âge plus meur. »

Cette phrase de Brisset, extraite de la préface de son premier livre de théâtre tragique, a une importance considérable sur laquelle nous aurons occasion de revenir dans la deuxième partie de cette étude.

Le privilège du roi lui fut accordé en 1589 ; et l'année suivante, en 1590, son premier ouvrage sortait des presses de Claude Montr'œil imprimeur à Tours, sous le titre de : *Premier livre du théâtre tragique de Roland Brisset gentilhomme tourangeau* vol. in-4° de 312 pages, et qui contient cinq traductions ou imitations, savoir : *Hercule furieux*, — *Thyeste*, — *Agamemnon*, — *Octavie*, — et *Baptiste*.

Plusieurs auteurs ont signalé cette impression comme ayant été faite en 1589 ; un exemplaire que nous avons entre les mains ne nous permet plus le doute, car il porte la date de 1590 en chiffres romains et nous ne supposons pas qu'il y en ait eu deux éditions.

Dans les années qui suivirent, nous croyons qu'il conserva sa même situation, car les détails nous faisant défaut, nous ne pouvons suivre ses actes que dans les diverses publications qu'il fit. Ce que nous pouvons affirmer, c'est que dans les pièces et divers ouvrages qu'il a publiés de 1590 à la fin du siècle, il en est un qui a toujours été confondu et dont nous pouvons citer l'auteur véritable.

Cet ouvrage manuscrit qui n'a même jamais été imprimé, se trouve à la bibliothèque de Tours, où nous avons eu la bonne fortune de le rencontrer et de pouvoir, par des rapprochements de textes, en rétablir l'identité. Mais ici ne faisons que citer l'existence de ce manuscrit et réservons-en l'examen pour la deuxième partie de cette étude.

Citons maintenant l'existence des ouvrages ci-après dont Brisset est l'auteur :

1° *Diéromène ou le repentir d'amour*, imprimée en 1591 ;

2° *Alcée*, tragi-comédie imprimée en 1595 ;

3° Sept volumes de poésies diverses : Épigrammes, sonnets, acrostiches, etc., qui n'ont jamais été imprimées.

A partir de ce moment, nous ne saurions ce qu'est devenu notre traducteur si nous ne trouvions dans l'*Histoire de la Mairie de Tours*, par de la Grandière, manuscrit 1247, 3° vol., folio 320, une note qui nous apprend que Roland Brisset, sieur du Sauvage, fut élu échevin à vie le 17 octobre 1604 en remplacement de Royer de Bouchilon.

Cette note, d'une extrême importance, nous permet aussi de préciser la date de sa mort, que les divers auteurs que nous avons consultés nous donnent comme fort incertaine en ne s'appuyant que sur des probabilités.

Et en effet, nous apprenons plus loin, dans le même manuscrit, que Roland Brisset fut remplacé dans son office d'échevin, le 22 décembre 1643, par François Pàris, or comme Brisset avait été élu échevin à vie, nous pouvons donc affirmer qu'il est mort vers la fin de 1643.

Telle fut donc l'existence de cet homme qui, passionné pour les lettres, en fit l'occupation de toute sa vie et y puisa ses plus chères et ses plus pures jouissances.

A côté du poète, nous trouvons le patriote qui, par ses écrits, n'a qu'un but : celui d'être utile à ses compatriotes en recherchant les moyens d'améliorer la situation générale.

Nous retrouvons encore la trace de son dévouement dans ses fonctions d'échevin de la ville de Tours, office qu'il remplit avec sollicitude et qui lui concilia les sympathies et l'estime de la cité.

La lumière qu'il nous est donné de jeter sur cette personnalité intéressante, a donc quelque importance, puisqu'elle nous permet de placer Brisset au premier rang des litterateurs de son époque.

II

Nous connaissons maintenant l'homme, il nous reste à connaitre le poète, le traducteur, et à apprécier ses travaux.

Pour cela, il nous faudra nous reporter en arrière de trois siècles, et considérer que Roland Brisset, vivait et travaillait au temps où l'art théâtral était à sa naissance, et que lui et quelques rares contemporains furent les premiers à donner l'essor aux productions de ce genre. Nous ne serons donc point surpris, si, en parcourant ses œuvres, nous rencontrons des incorrections de langage, encore si barbare, ou quelques faiblesses dans la versification.

Depuis 1389, époque à laquelle le premier mystère fut représenté, à Tours, jusqu'en 1448, on ne connut que ces sortes de scènes religieuses qui, ne recevant point de perfectionnement, restèrent dans le même état jusqu'à ce qu'un arrêt du roi vint ordonner la suppression de ces sortes de divertissements, pour faire place aux décorations monumentales artificielles, telles que dais, portiques, arcs-de-triomphe, etc.

Cependant, vers les dernières années de cette période, un progrès sembla se manifester par l'apparition de pastorales, scènes champêtres qui rompaient par leur élégance, avec la rigidité monotone des mystères de la Passion ou des Apôtres. Mais on devait s'en tenir là, l'agitation religieuse qui se développa en France pendant le cours du XVIe siècle, devait mettre un terme forcé à la représentation de ces drames si bien appropriés à la naïve simplicité de nos aïeux.

L'art dramatique était alors comme on le voit, à peine à son enfance, on ne connaissait d'autre coupe que celle des tragédies grecques, dont chaque acte se compose d'une ou de deux scènes, suivies de chœurs.

Nous pouvons donc considérer Brisset, ainsi que ses contemporains, Jodelle, qui publia sa *Cléopâtre captive*, Garnier et quelques autres, comme ayant fait les premiers pas dans l'art de la composition théâtrale ; ils ne se sont point écartés des modèles des tragédies grecques, et Brisset surtout, qui imita plus qu'il ne composa.

Ce n'était certes pas le talent poétique qui lui manquait, ses œuvres nous en fournissent une preuve éclatante ; mais le goût et l'art des convenances faisaient souvent défaut, en employant une langue qui était elle-même en formation, et par conséquent fort imparfaite.

Nous ne sommes donc point surpris de voir des opinions diverses émises par des contemporains et par des auteurs plus modernes sur les œuvres de Brisset ; deux raisons devant pousser les uns et les autres à cette même extrémité : la jalousie pour les premiers, et le défaut d'appréciation chez les seconds.

Nous ne nous arrêterons point aux dires de certains auteurs contemporains, c'est-à-dire de ceux qui ont écrit dans le même genre, ou de ceux qui se trouvaient gênés par la réputation qui se formait autour du nom de Brisset.

C'est donc seulement aux auteurs qui n'ont pas su se placer à l'époque où vivait le personnage qui les occupait, que nous répondrons en leur opposant les assertions de gens qui ont connu Brisset, et qui n'avaient aucune raison de l'amoindrir.

Les exemples ne nous font point défaut et, en parcourant le manuscrit de Guillaume Colletet, nous avons relevé cette appréciation des œuvres de Brisset :

« Par ce que je viens de dire, il parait assez que Brisset avait lu fort attentivement les poètes tragiques ; mais, par ce que je vais dire, on connaitra qu'il ne les a pas mal traduits et imités, » et l'auteur entre dans de nombreuses considérations.

Plus loin, nous recueillons encore cette nouvelle opinion :

« Certes, quoique les vers (des tragédies de Brisset) en soient durs et raboteux en plusieurs endroits, si est-ce que l'on peut dire qu'ils ne sont partout extrêmement forts et majestueux et qu'ils decouvrent si bien les nobles sentiments de l'auteur, que sur les endroits où il y a passé, il n'y a que faire d'aller consulter, etc. »

Et puisque nous en sommes aux citations de Colletet, écoutons encore cette phrase, qui nous dira ce qu'il convient de penser des incorrections qui peuvent se rencontrer dans la versification de Brisset :

« Après tout, ces rimes licencienses ne sont que de petits

chicots dans de grandes forêts, de petites ronces dans un vaste parterre, et que de petits nuages sur le front du soleil. »

Il était à cette époque en grand usage, quand un auteur imprimait une œuvre, de faire précéder le livre de sonnets et autres pièces de vers dédiées à l'auteur; dans le Théâtre de Brisset, nous en trouvons plusieurs; l'un d'eux de M. d'Amboise, compare notre poète à un aigle généreux, et fait l'éloge de ses tragédies.

Un autre, un contemporain et compatriote, Beroalde, sieur de Verville, mais qui n'a pas fait de tragédie, lui dédie un sonnet dont voici la fin :

. . . .
« Mais voila ! tu voulais faire paraître aux tiens
Que sachant t'accorder avec les anciens,
Tu sçaurais souspirer notre piteuse histoire :

Ayant donc si bien fait retraçant après eux,
Sus, chante nos fureurs et, faisant encore mieux,
Acquiers sur ce théâtre une éternelle gloire ».

Enfin, un troisième témoin, M. Maudat, Conseiller du Roy, et Trésorier général de France à Bourges, vient par un autre sonnet, nous donner une affirmation nouvelle; en voici les deux tercets :

. . . .
« Mais j'admire beaucoup que parmy nos malheurs,
Parmy le fer, le sang, nos sanglots et nos pleurs
Heureux tu ayes fait ce Senèque revivre.

Qu'est-il à espérer si en un temps de paix
Ton esprit libre veut charger un plus grand fais.
Et que de notre temps nul ne pouvait poursuivre ? »

D'après ce dernier vers, nous voyons que l'auteur tenait Brisset en haute estime et qu'il le considérait comme l'un des plus célèbres de son temps.

La première page de vers de Brisset que nous rencontrons en ouvrant son *Premier livre de Théâtre tragique*, c'est un sonnet qu'il dédie à la ville de Tours, sa ville natale, et qu'il place en tête de ses tragédies.

Ce sonnet, qui est construit de la façon la plus régulière comme dispositions de rimes, a une incontestable valeur, et le dernier vers qui caractérise le sonnet, renferme une pensée tout à fait inattendue et fort originale.

« Chère cité, mur antique de Turne,
Qui de mes jours veis le commencement,
Si tout ravi en un beau pensement,
En ton honneur j'ai chaussé le cothurne.

Si ton honneur est l'honneur de Sathurne,
Qui a charmé mes ans si doucement,
Si ton lustre est mon eclaircissement,
Sauve mon nom des ténèbres de l'urne.

Ainsi toujours te chérisse le roi,
Ainsi toujours tu sois ferme en la foi ;
Ainsi toujours le ciel te favorise :

Ainsi toujours ton mérite croissant,
Fidelle au roi et fidelle à l'Église,
Voise ton chef dans le ciel se haussant. »

Ce volume, qui contient cinq tragédies, traduites ou imitées pour la plupart de Senèque le Tragique, a été imprimée en 1590 et renferme les premiers labeurs de Roland Brisset, qu'on peut énumérer ainsi : *Hercule furieux*, — *Thyeste*, — *Agamemnon*, — *Octavie* — et *Baptiste*. Nous ferons une analyse succincte de ces diverses pièces en en profitant avec empressement, car c'est le seul volume des œuvres de Brisset qu'il nous est donné d'avoir entre les mains.

Hercule furieux est la première tragédie qui s'offre à nos yeux ; elle est, comme toutes les autres, composée de cinq actes, tous suivis invariablement d'un chœur.

Le premier acte est consacré tout entier à l'indignation de Junon, qui s'irrite contre les concubines de Jupiter ; l'ensemble nous a paru n'avoir rien de remarquable, et nous avons passé de suite au deuxième acte, qui s'annonce beaucoup mieux par un beau début, où Mégare abandonnée par Hercule, qui est allé aux Enfers, déplore son absence et montre combien elle regretterait de se voir épouser par Lyce qu'elle déteste.

Au troisième acte, l'action semble se ralentir par les récits, trop longs peut être, du royaume des Enfers, d'où Thésée revient, délivré par cet Hercule qui, devenu furieux, massacre ses enfants, et tombe ensuite dans un anéantissement voisin de la mort.

Le chœur du quatrième acte, contrairement aux autres, est d'une allure poétique beaucoup plus vive, et respire un lyrisme qui ne laisse pas que d'avoir des charmes. En voici deux strophes :

LE CHŒUR.

« Pleure le ciel et le père du monde !
Pleure la terre et la mer vagabonde !
Soupirez élémens !
Et toy, Titan, qui les campagnes dores
De tes beaux rais, fay retentir encores
Des regrets véhémens ! »

Sortant de son sommeil au commencement du cinquième acte, Hercule laisse couler le flot de ses larmes et abonde en regrets, en apprenant le massacre qu'il a fait de ses enfants.

La tragédie *Thyeste* qui se présente la seconde dans le livre de Brisset, donne l'exposé de faits plus historiques qui deviennent dès lors plus intéressants. L'ensemble paraît mieux charpenté, et l'arrangement en est meilleur, quoique quelques faiblesses nous aient frappé dans le premier et le quatrième actes.

Le sujet de cette tragédie offre le hideux spectacle de l'inimitié de deux frères, Atrée et Thyeste ; Mégère évoque l'ombre de Tantale aux Enfers, et le ramène sur la terre pour maudire ses petits-fils et répandre ses clameurs furieuses dans leur palais. Thyeste qui a abusé de la femme de son frère, se voit chassé par la force du royaume de Mycènes, et Atrée gouverne seul; il cherche un moyen pour se venger de son déshonneur. Au troisième acte, Atrée appelle son frère Thyeste auprès de lui avec ses enfants, sous des dehors de bonne amitié. Au quatrième acte, il les fait egorger et les lui donne en nourriture au grand festin du cinquième acte.

Agamemnon, qui est le titre de la troisième tragédie, est, pour ainsi dire, la suite de celle dont nous venons de parler. Elle est, comme les deux précédentes, traduite et imitée de Sénèque et, en outre des nombreux points de ressemblance qu'elle a avec *Thyeste*, elle présente un type également soutenu et des sentiments vigoureusement exprimés.

Œgiste fils, de Thyeste, et Agamemnon, fils d'Atrée, sont en présence et continuent, l'un pour l'autre, la haine et la vengeance de leur père. Au premier acte, l'ombre de Thyeste revient des Enfers, pour exciter son fils à le venger. La malédiction semble s'accomplir, et Œgiste et Clytemnestre machinent dans l'ombre la mort d'Agamemnon. Celui-ci revient pour tomber dans le piège, et le cinquième acte représente sa mort, la fuite d'Oreste, la mort de Cassandre et l'emprisonnement d'Électre.

Le deuxième acte a un très beau début, les troisième et quatrième actes étant très courts, n'ont aucun effet scénique; la fin du cinquième acte renferme un dialogue remarquable. En somme, cette pièce n'a aucun passage plus saillant que ceux que nous avons cités.

Avec *Octavie*, tragédie que nous trouvons à la suite des précédentes, Brisset s'est rapproché de plus près du cadre des tragédies romaines. Comme construction, cette pièce surpasse peut-être les autres, quoique tous les actes ne se soutiennent pas à la même hauteur.

Au premier acte, Octavie déplore l'injuste occasion de sa répudiation, elle gémit sur ses misères passées et présentes. Au deuxième acte, Sénèque, qui se met en scène, remplit un rôle dans lequel sont exprimés les plus beaux sentiments d'équité et de morale. Précepteur de Néron et ancien sénateur de Rome, il donne ses conseils au jeune prince et vient l'arrêter dans ses cruautés. Au troisième acte, l'ombre d'Agrippine apparait, revenant du sombre empire pour prédire le désastre du mariage de Popée, et l'adversité qui doit survenir dans les affaires de son fils.

Cette cruelle prédiction se réalise, et Popée en est avertie par un songe affreux qu'elle fait pendant la nuit de ses noces.

Le cinquième acte donne un exemple du caractère tyrannique et barbare de Néron, qui ordonne un massacre pour reprimer une sédition qui s'est élevée dans Rome au sujet de la répudiation d'Octavie.

Celle-ci est emmenée en exil et déplore ses misères.

La scène du deuxième acte, qui se passe entre Néron et Sénèque, est fort remarquable par la force du vers et par la noblesse des sentiments exprimés par Sénèque.

La fin du cinquième acte contient un excès de fureur du fougueux Néron, dans lequel il ordonne la mort d'Octavie. Brisset excellait surtout dans ces passages tragiques qu'il rendait avec une très grande puissance dramatique, et dans lesquels il est facile de reconnaître l'influence des événements violents dont il était témoin.

Nous trouvons, à la suite du cinquième acte, le plus beau chœur que nous ayons rencontré dans les œuvres de notre compatriote.

On en jugera par l'extrait qui suit, où Octavie, mêlant sa voix à celle du peuple, gémit sur son sort par ces strophes pleines de grâce et de charme.

OCTAVIE.

« Soldats où me conduisez-vous ?
En quelle étrange plage?
Quel arrest a jeté sur nous
Ce tyran plein de rage ?

Si ma constance en mes douleurs
La Fortune a bravée,
A quels plus estranges malheurs
Puis-je être réservée !

Si pour comble à mes ennuis
On demande ma vie
De mourir dedans mon pays
Me porte-t-on envie? »

. . . .

La dernière tragédie, *Baptiste*, que contient le volume de Brisset, nous change agréablement de genre. Nous nous trouvons en face d'une tragédie biblique où le charme patriarcal, attaché aux scènes de ce genre, ne manque point d'ampleur et de noblesse. Avec cette pièce, nous quittons Sénèque, et notre traducteur a, cette fois, emprunté son imitation au poète écossais Buchanan, qui a écrit le modèle en vers latins.

Les rabbins Malchus et Gamaliel discourent sur la nouvelle doctrine de Baptiste ; le premier la déteste, tandis que le second ne peut la condamner. De là discussion ; Malchus s'irrite et va faire auprès de la reine un rapport contre Baptiste et demander sa mort. Il ne peut pas l'obtenir, mais l'évangéliste est traîné en prison ; la fureur de Malchus se calme, et il va même jusqu'à vouloir se réconcilier ; mais il se trouve un jour dans une réunion où Baptiste prêche son évangile, la colère le saisit à nouveau et il retourne près de la reine.

La reine vient à connaître la promesse qu'Hérode a faite à sa fille, de lui donner ce qu'elle lui demanderait; elle ne perd pas cette occasion et lui fait demander la tête de Baptiste.

C'est cette demande qui fait l'objet du cinquième acte où Hérode finit par tenir sa promesse et accorde la tête de Baptiste.

Roland Brisset, d'après l'examen que nous venons de faire de son théâtre, peut donc être considéré comme un véritable poète, n'ayant peut être pas le feu de l'inspiration aussi brillant que de certains, mais possédant en lui un puissant et noble sentiment poétique.

Roland Brisset a encore publié d'autres ouvrages que nous ne ferons que citer, n'ayant pu les rencontrer pour les analyser. En 1591, il imprima à Tours une traduction de la pastorale de Luigi Grotto, l'*Aveugle d'Adrie*, sous le titre de *Diéromène*, ou le *Repentir d'Amour*, cette œuvre eut une réimpression à Paris en 1595.

C'est ici que nous pouvons aborder une question importante pour l'honneur de notre personnage, et que la découverte d'un manuscrit autographe nous permet d'éclairer et de préciser.

Toute l'importance du sujet réside dans la confusion de deux personnages qu'il avait été jusqu'ici impossible de distinguer, et on avait généralement cru qu'ils se résumaient tous deux dans Brisset.

Le manuscrit autographe dont nous parlons provient de la bibliothèque du duc de la Vallière, c'est une traduction d'Epicure Napolitain, qui a pour titre : les *Aveugles* et est signée par les initiales R. D. I., d'où on a fait exactement Roland du Jardin.

C'est ce nom de Roland du Jardin qui a fait toute l'erreur, car, ne trouvant personne de ce nom, on a supposé que c'est Roland Brisset qui avait pu prendre ce nom pour dissimuler le sien propre, craignant de le mettre au bas d'une œuvre qu'il ne croyait pas à la hauteur de celles qu'il avait déjà publiées.

Or nous avions intérêt à ne pas laisser subsister le doute à ce sujet, car l'attribution de ce manuscrit à Brisset, l'amoindrissait, en le déclarant auteur d'une œuvre médiocre.

Nous avons donc fait des recherches et elles ont heureusement abouti a la decouverte de la note suivante, que nous avons faite dans le huitième volume de la *Bibliothèque fran-*

çaise de l'abbé Goujet, publiée au commencement du XVIIIe siècle : « Roland du Jardin, sieur des Roches, traducteur, était frère puîné de Charles du Jardin, trésorier du roi Henri III, qui épousa Suzanne Habert, nièce de François Habert, un de nos poètes dramatiques (1).

L'existence prouvée d'un personnage du nom de Roland du Jardin, qui vécut à Tours et qui fut traducteur, nous permet donc d'affirmer que Roland Brisset n'est pas l'auteur du manuscrit dont nous venons de parler. Du reste, un simple examen permet de s'en rendre compte, en remarquant le style et le genre de l'ouvrage, qui n'ont rien de commun avec ceux de Brisset.

La Croix du Maine parle d'une tragédie du nom d'*Andromaque*, que Brisset aurait publiée vers la fin du XVIe siècle ; plusieurs auteurs contemporains disent que c'est la même que celle dont nous avons parlé dans son Théâtre sous le titre d'*Agamemnon*, nous nous rallions à cette opinion.

Comme on le voit, Brisset connaissait aussi fort bien la langue italienne, car, outre sa *Diéromène*, nous apprenons qu'il a encore traduit d'Antonio Ongaro, *Alcée*, pêcherie ou comédie marine, dans laquelle, sous le nom de *Pêcheurs*, sont représentées plusieurs naïves passions d'amour, en cinq actes et prologue, le tout dédié à Mlle du Gasté à Paris, en 1595.

De plus, et avant de terminer cet examen des œuvres de notre poète, disons qu'il a également fait nombre de poésies légères qu'on retrouve semées çà et là dans les recueils de l'époque ; poésies qu'il signait pour la plupart, de son anagramme : « Brisant le sort. »

Nous pouvons donc dire, d'après le simple exposé et les citations qui précèdent, que Roland Brisset possédait à un haut degré la connaissance des langues anciennes. Nous voyons çà et là, dans ses œuvres, quelques faiblesses, mais nous croyons que les passages élevés et puissants y sont assez fréquents et suffisent pour placer leur auteur au premier rang des écrivains de son époque.

Aux époques troublées où vivait Brisset, les poètes et les hommes célèbres étaient rares, mais il semble que la Touraine ait voulu prouver qu'elle était aussi fertile en grands hommes que son sol peut l'être pour l'agriculture et les fleurs.

En effet, jamais nous n'avons vu autant d'intelligences d'élite contribuer au mouvement local qui se produisait dans

(1) Cette note peut être considérée comme vraie, car elle est confirmée par un article conçu en termes semblables, que nous avons rencontré récemment dans l'un des manuscrits de dom Martène, que possède la Bibliothèque nationale à Paris.

la province et qui devait donner le signal d'une renaissance destinée à se mêler au courant général de la France.

Ne voyons-nous pas Béroalde de Verville, dont les écrits ont souvent quelques points de commun avec ceux de Rabelais, Antoine de Nervèze qui fit les délices de la cour en Touraine; Guy de Tours et André Duchesne dont le nom est inséparablement attaché à notre histoire nationale; Honorat de Bueil, seigneur de Racan, et le président Roger qui portèrent si haut le renom des lettres en Touraine.

Le mouvement en avant est donc bien prononcé dans cette province, et nous sommes heureux d'y rattacher le nom de Roland Brisset dont l'influence a contribué pour une large part que nous croyons avoir suffisamment démontrée, pour la gloire et l'honneur de son pays.

Tours, 10 mars 1883.

AUG. CHAUVIGNÉ fils,
Secrétaire de la section des Sciences, Arts et Belles-Lettres.

2596 — Tours, imp. Rouillé-Ladevèze, rue Chaude, 6.

www.ingramcontent.com/pod-product-compliance
Lightning Source LLC
LaVergne TN
LVHW050514160826
845677LV00003B/1124

* 9 7 8 2 3 2 9 6 3 3 8 4 8 *